AF274011

Una invitación a la lectura de la obra de Roberto Vivero

Francisco Hermoso de Mendoza

Ápeiron Ediciones

2024

Una invitación a la lectura
de la obra de Roberto Vivero

Francisco Hermoso de Mendoza

τέχνη

1.ª edición, 2024

© Del texto, Francisco Hermoso de Mendoza
© Ápeiron Ediciones

C/ Príncipe de Vergara, n.º 132, planta 9
28002   Madrid
Tfno. (+34) 637 10 99 20
E-mail: info@apeironediciones.com
http://www.apeironediciones.com/

Diseño y maquetación: Ápeiron Ediciones

Papel procedente de fuentes responsables

ISBN: 978-84-128198-8-5
DL: M-3295-2024

ÍNDICE

PRESENTACIÓN

¿Existe Roberto Vivero?

Primero tendríamos que definir en qué consiste la existencia. Si la existencia de un escritor pasa por la publicación de sus escritos, Roberto Vivero sí existe, aunque resulte tan mediático como un Pynchon o un Salinger, porque creo que solo hay una foto de Roberto Vivero en internet, de cuando ganó un premio por su libro *Seducciones*.

La presencia mediática, en este caso inexistente, no debería preocuparnos lo más mínimo, pues todos sabemos (menos los que lo descubran *ad hoc*, al leer esto) que lo que nos queda de un escritor no será el

recuerdo de su careto alegre o ce-
ñudo, de su vientre plano o pan-
zudo, de sus piernas de percherón
o de corredor maratoniano, de sus
cejas depiladas o arborescentes; no,
amigos, lo más que nos va a dejar
siempre en herencia un escritor será
su bibliografía, y los más ¿afortuna-
dos?, diseminados por toda la geo-
grafía nacional, alguna calle con su
nombre, un busto de piedra blanca
como el de Vicente Aleixandre, una
estatua de bronce de cuerpo entero
(y esmirriado) como la de Valle-In-
clán, o la estatua, también en bronce, de Cunqueiro (más cómodo, al
estar este sentado), o un mural en la
pared con un gran retrato como el
de María de la O Lejárraga; todos
ellos objetos del verdín del tiempo.
También, y no es por aguarle la fiesta

a nadie, la perfecta distracción para que las palomas tengan donde hacer blanco, ensuciándolo todo con sus certeras deyecciones.

Leer a Vivero es leer a un escritor ~~fantasma~~; mejor: invisible, porque ser un fantasma es hoy, paradójicamente, lo contrario de ser invisible.

No habrá, pues, en el lector ningún prejuicio que oponer a su lectura. Esta invisibilidad, en vista de cómo hoy algunos fabulosos escritores han pasado a la posteridad por chascarrillos como «Yo he venido a aquí a hablar de mi libro», o por ser objeto de la prensa del corazón, o por su sobrexposición en las redes, resulta beneficiosa, incluso diría que necesaria. Puestos a dar explicaciones, que sean en el folio en blanco.

Este proemio, convertido también en un espacio fantasmal, brumoso, dice sin aclarar nada. Voy a concretar: la única manera verdadera de conocer a un escritor es leer sus libros. Perogrullada que es el objeto de este ensayo tan poco convencional.

Como consta en las contraportadas de *Las fieras, Crítica del barrio chino, Violaciones* y *Literatura hecha pedazos*, la escritura de Roberto Vivero es una investigación. El resultado es ese: una exploración del lenguaje para el escritor. Y para el lector, un horizonte casi infinito el que se le abre merced a la cantidad ingente de ideas, reflexiones y pensamiento quintaesenciado que Vivero pone a nuestra disposición en cada uno de sus libros. Ya se pueden ir haciendo una ligera idea del peligro y el riesgo que esta determinación casi suicida entraña. No podemos etiquetar las obras de Vivero en ningún género. No son novela negra, ni romántica, ni histórica, ni autoayuda. Yo las colocaría en la sección de «Vívido Pensamiento» porque lo expresado en sus libros cifra bien la erudición de Vivero. Pero no mediante un pensamiento romo ni abstruso. No es la suya una filosofía solipsista, ni un reguero de tautologías, ni la manida paja que engorda otras muchas novelas. No, lo que es evidente al leer a Vivero es la decantación en sus textos, un espíritu propio de la poesía, porque como nos advirtió Monterroso, lo jodido no es escribir un tocho de setecientas páginas, sino una novelita famélica (en apariencia) de ochenta, que puesta de perfil en la estantería nos resulte –casi– invisible.

Leer a Vivero nos obliga a rumiar, para decirlo con Nietzsche. Es ir en busca de un sentido que no resulta evidente en una primera lectura, como si las palabras tuvieran tal fulgor que costase mirarlas a los ojos de buenas a primeras. Hemos de ser pacientes, leer y coger distancia, como ante el cuadro que cobra sentido cuando nos alejamos de él y nos situamos a la distancia justa, la misma que ofrece aquí la tan necesaria y aconsejada relectura.

A medida que vamos leyendo los libros de Roberto Vivero seremos más y más conscientes de la libertad estética y ética que se concede el autor para con sus textos; asimismo, de la amarga reflexión sobre la condición humana que proyecta sobre sus personajes, iluminando el envés de la sobrevalorada felicidad.

No busca el arte ya lo bello. Desde 1794, con el nacimiento del arte moderno, a partir de la Revolución francesa, su objeto es hacer pensar, hacer recordar, perturbar. Ahí el *Guernica* o Rothko. Lo importante es la creación, no halagar los sentidos, no dar placer sensual, no gustar.

A continuación, diez críticas/reseñas/notas a la lectura… Devaneos literarios, en suma, con los que he podido degustar la prosa de Vivero desplegada en la novela, la poesía, el teatro, el ensayo y la traducción (otra forma de escritura, si no lo más elevada).

Pasen y lean… si gustan… y degusten.

Las fieras

Ápeiron Ediciones, 2022, 122 pp.
ISBN: 978-84-126021-7-3.

Las fieras es la primera pieza narrativa de la obra en sentido estricto de Roberto Vivero. Publicada en 2009 en Baile del Sol (la contraportada rezaba así: «Abecedea el escritor en los umbrales y límites de la literatura: hospitalidad para el hombre o monadología estética, en las alcantarillas por las que corren las lavazas del alma habitan las fieras») y posteriormente, en 2022, en Ápeiron Ediciones, donde se lee la siguiente dedicatoria:

Para mis cadáveres
y mis asesinos.
No os olvido. A ninguno.

La dedicatoria, el título de la novela y la foto de la cubierta pueden darnos alguna pista acerca de la trama del libro.

La obra es un abecedario, veintinueve relatos sobre ¿niños? o ¿hemos de considerarlos fieras?, de la a, a la zeta; cada relato es un retrato, un aguafuerte, encabezado con el nombre del niño, Alicia, Enrico, Herminia, Teresa, Víctor… Pero el nombre no nos dice tanto como lo que los completa: la niña Podrida, la niña Tétrica, la niña Desierta, la niña de las Nubes, el niño Ubicuo, etcétera.

Ya en las postrimerías del libro leo «habría que prohibir la procreación durante un tiempo» (p. 120). ¿Es esta la conclusión lógica a la que hemos de llegar después de haber culminado la lectura?, ¿son niños o engendros los que desfilan por estas páginas?

Una lectura que no será complaciente ni agradable para el lector, ya que en el texto se suceden acciones por parte de los niños situadas al margen de la moral; pensemos en la zoofilia, la prostitución o el incesto.

Viene la conducta infantil marcada por la violencia, la indolencia, el egoísmo; niños que parecen adultos, y ahí quizás reside el quid de la obra, porque esas acciones tal vez no haya que esperar a la edad adulta para cometerlas y, entonces, la que nos venden como tierna infancia deviene en territorio hostil, hosco, amenazante, asfixiante para unos, que han de soportar burlas, agravios, agresiones y abusos, mientras otros, en su libérrimo proceder, hacen sufrir a sus progenitores con su egoísmo, indolencia y soberbia.

Niños o fieras, donde el espacio físico se convierte en un zoo humano y cada cual ha de hacer valer sus herramientas en pos de su supervivencia o de su buscada inacción. A unos los menoscaba la soledad, la introspección estéril; otros salen de sí mismos mediante la experimentación masturbatoria con sus cuerpos a lomos del deseo y hacia la tierra prometida del sexo; otros hacen que las pasen canutas los profesores con su nefasto comportamiento, y pienso en Lema, en el niño Levantaclases, y en los padres subyugados por sus hijos, frente común frente al profesorado, luchando, los primeros, «para que la enseñanza se pareciera más y más a una autoescuela» (p. 64).

El gran logro de la obra es que cada niño y niña se nos presenta con cualidades y atributos muy distintos gracias a un lenguaje rico y en continuo desarrollo que me resulta sorprendente, en la construcción de frases inéditas («esquiva el giorgione de la tempestad de las miradas», p. 99; «se abrazan en un laocoonte de amor hecho puzle», p. 34; «un superbo y protervo elitista del daño y la inanidad», p. 91; «Mortadélico, camuflante, ibañizado por las circunstancias», p. 104) y en donde la escritura iría trazando distintos retratos al carboncillo de los niños. Lo que veríamos no sería su rostro angelical, sino, más bien, su alma negra, abierta entonces la caja de Pandora de las pasiones y las obsesiones, de los deseos inconfesados y las acciones inmorales, de las servidumbres del determinismo, de las inercias nefastas del dejar hacer al educar, gracias, todo ello, a un narrador que examina (o los describe) con la misma frialdad y objetividad con la que un entomólogo viviseccionaría un insecto.

Empuja al perro hacia su entrepierna, rápido. Hunde su hocico. Saca la lengua, rápida, áspera, mojada. Lame a Llana hasta que la marea sigue subiendo en olas que arrastran trozos de luna, cristales de luz fría, y con cuatro, con cinco, con seis golpes secos de cadera, de mero ser, el agua deja en la orilla de sus labios una sal purulenta que, como una droga, corre por su sangre envenenándola de éxtasis (p. 69).

Crítica del barrio chino

Ápeiron Ediciones, 2016, 228 pp.
ISBN: 978-84-944709-6-7.

Si suponemos que Crítica del barrio chino es la continuación de *Las fieras*, creo que no andaremos muy desencaminados, no porque la prosa sea un eco de la anterior, que no lo es, sino porque hay aquí también un espacio físico cerrado; imaginemos un cuadro del Bosco, un tríptico, en el que el mundo empiece y culmine en los lindes horizontales y verticales de los paneles. Un Jardín de las delicias en el que la vida terrenal y el infierno se enmarañasen hasta confundirse.

El libro se sirve en cien capítulos interconectados. Algunos personajes pululan por distintos capítulos y cuando veo aparecer ahí al niño palo o a la niña lamida por un perro, pienso en la niña llagada de Las fieras. También cuando leo el capítulo «Buga».

No es la novela la descripción de un mundo real –aunque no desatiende lo real, al menos nominalmente, sin estar tampoco exento de ramalazos de humorismo, si no de qué esta tipografía: La Defensa, La plaza de la Concordia, La Bastilla, el Arco de la Triunfo; personajes como Vendome, Citröen, Manuel Bonaparte, la niña Sorbona– sino la creación de un territorio literario al margen de lo que conocemos y nuestra moral acepta; una especie de civilización bajo el nombre de Pequeño París, tras haber absorbido este la antigua denominación de barrio chino, descubierta para nuestros ojos y narrada con una escritura muy singular.

Y lo singular acarrea al lector problemas de todo tipo. En la medida en que exige una lectura lenta, morosa y atenta para dar finalmente la razón a Nietzsche cuando hablaba de la necesidad de rumiar al leer. Y no tanto leer como releer, en bucle, para sacarle el sentido a los silogismos, a los diálogos, para tratar de montar, a duras penas, en la cabeza, todo el espacio físico y psíquico que se nos describe; territorio que puede ser un laberinto del que tan difícil es llegar como marcharse (a no ser que uno sea un fiel seguidor de las recomendaciones de Hegesias y logre, entonces, deshacerse de la podredumbre de

vivir), en el que nadie trabaja y nada
pasa en el correr de los siglos, donde
no hay enfermedades diagnosticadas,
ni existe el inconsciente, ni hay rela-
ciones de poder, y sí seres solipsistas,
regidos todos ellos por unos instin-
tos difíciles de dilucidar, con comportamientos igual de inextricables
(quizás porque, como en las cuevas
que aparecen en «Debajo del suelo»,
todo resulta demasiado hermético y
nada tiene sentido), donde por las
noches llueve agua salada, «como las
lágrimas, como si ya nadie pudiese
más» (p. 157). Y eso es lo que trans-
miten los capítulos: la sensación de
pesadez y de densidad, de no haber
escapatoria en todo este cardumen
de comportamientos y charlas amé-
bicas (como en «Me han hablado de
algo»), con excepciones, porque el

que le da al tarro, lo hace por todos (como Lázaro o Jeremías) y hacen de la filosofía su sangre no transfusionable. Sin hacer ascos al absurdo, como Leoncio, quien al preguntarse si alguna vez ha tenido su propio lenguaje, se plantea si no ha sido un heterónimo de los demás.

El barrio puede llegar uno a imaginarlo como una gran mancha negra en medio de la nada, o como una nave nodriza gigantesca flotando en el espacio, con un decorado dentro, vagando al margen del tiempo y del espacio. Mancha o coágulo del que irían brotando seres animados por las palabras, y de apariencia humana, cual tripulación en busca de lo posible.

Lo más llamativo de la novela es el empeño del autor por no convertir cada capítulo en un eco del anterior, por no abrevar en los lugares comunes y frases hechas, repeliendo la menor tautología y ofreciendo mediante grandes dosis de imaginación continuas sorpresas en la experimentación con el lenguaje, ¡y qué lenguaje, y qué gozo el que depara leer palabras como 'acmé', 'hénide', 'ipseidad', 'eones', 'nouménica', 'betuminoso'! Por eso hablaba aquí, en este imposible epítome o reseña fracasada, de prosa singular e inédita, aunque quizás no lo sea tanto después de haber leído *Las fieras*.

Literatura hecha pedazos

Ediciones Oblicuas, 2016, 80 pp.
ISBN: 978-84-16967-05-6.

Literatura hecha pedazos que deja hecho trizas al lector. Texto compuesto de cinco fragmentos: «La primera vez», «Retratos», «planeta piedra», «La vida en epítome» y «Los límites».

De igual manera que descuidamos la magia del alfabeto, convertimos a menudo la lectura en un automatismo, y así se nos pasa por alto qué hay detrás de las palabras, qué procesos mentales y asociaciones llevamos a cabo para que la lectura sea una actividad mental que nos resulte ineludible y ardua, en esta ocasión, porque

Roberto Vivero no parece empeñado en ofrecer entretenimiento (al uso) al lector, algo que hoy se ha convertido en el Santo Grial de la escritura.

La primera vez es un texto que parece ir en consonancia con *Las fieras* o *Crítica del barrio chino*. «La primera vez que probé el semen fue de boca de mi madre» (p. 11). Así comienza el libro, lo que hará que algunos se vayan corriendo pero en dirección contraria a lo leído. Pero no, no hay que huir, hay que fajarse, avanzar y hundirse, porque el texto aquí es un reto capaz de poner a prueba la paciencia del lector, que irá sin guía de viaje ni GPS y tan solo le secundará la expectativa de una escritura poco corriente. Esa primera vez (son 51 primeras veces en total) siempre la asociamos con follar, pero aquí el texto da más opciones además de follar («la primera vez que follé y no me follaron entendí a mi madre», p. 23), como la primera vez que odié, o me enamoré, o fumé, o cerré los ojos, o tuve dinero, o que escribí:

> **45. La primera vez que escribí** me escurrí por los renglones de mis corchetes y costuras y vanos y entretelas y las letras fluían hasta hacerme padecer de claridad y fue la última vez que escribí porque todo era ceguera y yo veía una tras otra las letras que desconsolaban la cándida enfermedad de mi ser (p. 23).

La protagonista es una mujer. El mantra de «La primera vez...» puede recordarnos al Me acuerdo de Perec, aquí ofreciendo unos recuerdos menos romos, más filosos, escabrosos y contundentes. Una primera vez que bien puede cifrar, hete ahí el orden numérico, una mínima biografía, tanto como cartografiar un mapa sentimental (cuyas líneas de desnivel serían el miedo, la soledad, el dolor, el deseo, el ansia de conocer(se), en definitiva) envuelto en Goma-2.

El apartado dedicado a los «Retratos» está compuesto por 43 apuntes sobre escritores, políticos, filósofos, artistas —como, por ejemplo, Velázquez, Voltaire, Sócrates, Plath— ordenados alfabéticamente. Digo «apuntes» pero son pespuntes, puntos que unen carne y suturan y, sí, también, supuran.

Lorca

Le escondimos la *Teogonía* y se puso loco, loco, loco. Vamos, que durante aquel mes no fue persona ni cosa parecida. Andaba por las calles y por los olivares y por el mar creando cielo, sol, luna, estrellas, cometas, nubes, olas. Y nosotros nos reíamos de él, y le preguntábamos qué sería lo siguiente, y él nos decía Apolo, Cristo, Venus, Caín, y no nos gustaba cómo nos miraba cuando nos decía ese nombre y Caín nos daba codazos y nos hacía guiños como si fuésemos sus amigotes. Así que entonces le preguntábamos cuándo iba a parar, que también Dios se había tomado un respiro, y él, que ya casi no era persona ni cosa parecida, callaba, se hacía de noche, se daba la vuelta y caminaba,

solo, escoltado por fusiles (p.
36).

«planeta piedra» es el tercer apartado, y empieza fuerte. Porque hablamos que si del Finnegans Wake, que
si de Larva. Y esto, ¿qué?

«surta sirte zarca, el cielo,
el sol, gobernalle de la luz»
(p. 47).

Es necesario leer con un dicciona-
rio a nuestra vera. Trato de desentrañar lo leído. Así:

«Surta es embarcación o sosegado
Sirte es ciudad Libia o bajo de arena
Zarca es azul claro».

Entonces, ¿«Sosegado bajo de arena azul, el cielo, el sol, timón de la luz…»?

Y sigue el texto con el «Campo de Piche», ¿Campo de Asfalto? ¿O es la toponimia de un lugar, de una isla? Esto es como aventurarse en la parte por el todo de Saber y ganar. De ahí el reto, el desafío y lo más importante, la recompensa, por lo que tiene de aventura. ¿Es el texto el relato de una excursión, es la voz la del poeta? Me pregunto si la piedra es aquí también el epítome de la naturaleza, su gesto cansado, mineral, inerte.

El siguiente apartado es «La vida en epítome». Un resumen que es la suma del dolor ajeno, la esperanza, tu muerte, la comida y el aire. El apartado más extenso se lo lleva el dolor ajeno, quizás porque «el dolor ajeno es la demostración en contra de todos los nihilismos» (p. 57), o bien porque «el dolor ajeno te hunde en el otro sin dejar de ser tú mismo» (p. 56), o porque «el dolor del otro ha de ser lo más fuerte, pues ha sido capaz de convertir hombres en santos y de ficcionar teodiceas» (p. 55). A la esperanza le valen once puntos para defenderse. Leo: «La esperanza se desvive por no ser» (p. 59). Pasamos del dolor ajeno a la esperanza, y luego zas, a tu muerte. «Tu muerte es el tictac del reloj: es tu corazón» (p. 60). Imagen muy gráfica que nos mantiene siempre acojonados de que el reloj se pare en cualquier momento. Leo: «No te confundas: Que no puedas pensar en ti muerto no significa que no puedas morir» (p. 60). Una vacuna contra esos aires de inmortalidad que a veces nos soplan en los oídos con la misma seducción que el canto de sirenas. Y el apartado lo cierra «La comida y el aire». Dos elementos necesarios para nuestra supervivencia. Comida y luz son para las lombrices, para tornar al humano en un intestino, pero la vida qué es, en qué se sustancia entonces. ¿En el amor? La experiencia parece que nos vaya un paso por detrás y el paraíso sea una sombra inalcanzable. El narrador reprende ¿al lector? Lo llama miserable y nos deja en la tierra prometida con una cita del Deuteronomio, ¿una llamada a la resistencia, al estoicismo, a la resiliencia? Texto que acaba con la palabra 'Peor', que coincide ¿casualmente? con el nombre de la ciudad Bet-peor.

Finalmente llegamos a «Los límites». Curioso título para un libro desbordante, ilimitado e incontinente, para un capítulo de una belleza sin paliativos. Aquí hay de nuevo presencia humana, la de una pareja que se extraña que folla que se lamenta de su asimetría amorosa que fuma que se consume sin sumarse que habita insomnios intransitivos. Vemos mudar la prosa en un lirismo giróvago, mareante, desorbitado.

Resumiendo la lectura en una atildada palabra: vórticerupción.

Seducciones

Gadir, 2014, 180 pp.
ISBN: 978-84-942443-9-1.

Releo esta novela ocho años después, en octubre de 2023, y compruebo que me ofrece algo distinto, incluso que alberga la reseña, creo, algunos errores, que van a ser obliterados.

De entrada he de decir que Roberto Vivero ha ganado un lector después de haberme leído esta novela inclasificable en la que un hombre (treintañero) espera, junto a una pareja de amigos, en un hotel ~~caribeño~~ (ahora me parece que el complejo hotelero, o resort prostibulario, está situado en las Islas Canarias), una espera embutida de molicie, hidratada con muchos palos de ~~ron~~ (beber se bebe, y mucho, pero no parece que el ron sea la bebida elegida; más bien es la cerveza, o «copas», en general), solazada con ratos de bar y piscina y aderezada con miradas procaces y sexo ~~prostibulario~~ (no paga por los servicios recibidos) bajo cielos y mares azules, en un territorio donde uno se aparta del mundo y puede vivir indefinidamente (esos pocos días que pasa en el resort son un infierno, no sabe bien para qué sirve la cacareada libertad si todo deviene en rutinas, en «beber y esperar para volver a beber, dormir y esperar para volver a dormir, comer y esperar para volver a comer, sin ambiciones ni pretensiones», pp. 21-2), si ese es su deseo y su bolsillo se lo permite, y el protagonista está en la habitación de un hotel y la narración es su voz, el hilo (o maroma) de sus pensamientos y de sus desvaríos, y obsesiones, de sus correrías por la isla junto a la pareja de amigos, en una estéril espera (una «espera» a la que Vila-Matas ya dedicaba algo de espacio en su novela *Perder teorías*) que no emite apenas ningún acorde, hasta convertirse en estridencia (y así vomitarse encima, y así mearse encima), en un ser que no conoce (lo dice él) la felicidad ni la alegría y que se alimenta del odio hasta que pacte con el todo y con las partes, una narración, una voz, que tiene algo de delirio bernhardiano, con buenas dosis de humor y lucidez cioranesca («y luego la muerte y la desaparición, no el regreso a la nada, sino el seguir siendo la nada», p. 160; «estar vivo es como dormir sin nunca soñar lo que se quiere soñar», p. 168), y una mirada que registra lo inútil de la existencia («sé que quiero no haber nacido», p. 167), lo transitorio, la inexperiencia de los viejos (a la postre falsos sabios), la intrusión que suponen los móviles y que se permite incluso el lujo de hacer esgrima filósofo-intelectual, a cuenta del ser y la nada, entre el sesudo (promiscuo neuronal) y sexudo protagonista y un recepcionista que se lo ha leído (y entendido) casi todo (Camus, Salustio, Píndaro, Platón, Nietzsche), un libro, este de Vivero, del que casi podría decir que da igual por donde se comience (es un libro porcino del que se aprovecha casi todo), por dón-

de se coja, o se retome, aunque reco-
miendo (no, es necesario) leerlo del
tirón, sobre todo si no tienes ningún
marcapáginas a mano, porque el libro
son 166 páginas, sin capítulos, sin páginas en blanco, sin puntos, sin apea-
dero ninguno en el que coger aire, un
aluvión de palabras (una sola frase de
40750 palabras) que llegan en tropel,
y te arrollan, te sumergen, donde leer
es boquear y donde da gusto, mucho
gusto, leer a Vivero, que juega y ex-
perimenta con el lenguaje (con un
logrado resultado de forma y fondo),
tanto que algunas cosas no sé si son
erratas o no (no, no lo son) y leo que
en un principio el libro se llamaba
Violaciones pero que luego se cambió
por *Seducciones* (el protagonista tiene
sexo con una adolescente que no opone resistencia en una cancha de tenis),

tras ser premiado por la Fundación Monteleón y ser editado por Gadir, aunque yo creo que le iría mejor el título de *Eyaculaciones*, y leo y acabo que «la naturaleza de las palabras no es otra que la de traer lo que no está o no existe» (p. 68), sea.

Carnicería / Jaque al heredero

Ápeiron Ediciones, 2019, 191 pp.
ISBN: 978-84-17898-08-3.

Huyendo de las fiestas bernabeas arribo a la atestada Playa de los Capellanes, los guiris leen a Fossum, los nacionales a Castillo, yo a Roberto Vivero, su *Carnicería*, editada en un mismo volumen en Ápeiron Ediciones junto a *Jaque al heredero*, mientras otros adultos matan el tiempo y las playas escondiendo sus colillas cenicientas en la arena. Leo esta *Carnicería* y mis ojos en las corvas transitan del papel a la arenaescurribanda, al sudariocelestial y mi visionado rothkiano va tornándose de rojo sanguíneo mientras tengo la sensación de que me han puesto dos anzuelos, uno en cada pezón, y me van arrastrando por la gravilla, tirando de ambos, desollándome (esperanzado) en cada párrafo, astillada mi percepción en cada página, porque la literatura creativa y radical de Vivero aniquila y azuza, y aquí leer es amoragado recibir un zarpazo tras otro como en un combate de boxeo o esgrima verbal, servido con un humor negro con concertinas, el que mantienen Juan y Sonia, pareja venida a menos. Ella en la línea ascendente y él en la decreciente. Él que fue escritor porque publicó una novela y ahora escribe (o lo intenta) guiones, que están juntos para poder odiarse y echarse los trastos a diario, en una guerra fría ya tan gélida que las palabras, invectivas y reproches son proyectiles que no alcanzan su objetivo. Prosa abandonada en los brazos de una (pro)pulsión ultraviolenta (¡ay, Sandra!), humanos aquí poco más que pedazos de carne (poco más que vísceras, músculos y sangre), nihilistas, desfilando por el escaparate de una realidad enjaulada y rugiente (el comienzo de la novela es cuando Juan al bostezar oye un rugido y no le sorprende el rugido, sino que este no le sorprenda), iluminada con neones de morgue, cuerpos prestos para el despiece y el asedio y la violación del templo que es el cuerpo, como sucede cuando la funnygamesca pareja en su carrusel de fechorías vaya al encuentro de la flautista; con diálogos excéntricos que se balancean en la periferia e ingravidez del lenguaje y mandan a paseo lo convencional y centripetan mi interés para hollar otros mares, porque vivero lo llaman pero océano es.

Jaque al heredero forma un díptico junto a Carnicería y resulta menos salvaje que este último. Como el título ya nos hace presumir, la novela gira en torno o sobre el ajedrez: la convivencia de un grupo de veteranos y afamados ajedrecistas junto a un niño de incipiente talento, que parece ser el heredero, a medida que se van disputando una serie de partidas. La novela trata de desentrañar la esencia del ajedrez con reflexiones filosóficas. Existencias que giran en torno a un tablero, vidas que no son tales más allá de los confines del mismo. Aquello tan prístino, tan lógico, tan regido por la moral y la ética se demuestra que no deja de ser un espejismo, una quimera, una ilusión, una farsa (partidas amañadas, abusos sexuales a una de las jugadoras cuando niña, dinero por perder, chantajes, el sexo como una arma cagada de futuro…), un andamio sujetando una fachada hueca como el niño, a su pesar, tendrá ocasión de comprobar al escuchar lo que no debe, aquello que no le estaba destinado a esa edad y así, ya ultrajado, queda su mundo succionado, (con)fundido en negro.

Grita

Ápeiron Ediciones, 2017, 98 pp.
ISBN: 978-84-17182-41-0.

Hay escritores que son unos chupones, que van con el balón cosido al pie y desoyen los gritos de sus compañeros, ¡pásala!, ¡crúzala!, se sustraen al tiquitaca y a la hinchada alterada que grita ¡dalaaaaaaaaaahhhhh!, ¡pedazo de mamón!, porque el balón es ya una prolongación de su pie y así avanza, driblando contrarios, haciendo metros, la portería cada vez más cerca, y se va de uno, de dos, de tres, de cuatro, saluda con la mano que es ya la de Dios, encara al portero y le puede tirar un caño, o bien hacerle

una vaselina para que le entre sin dolor. Así hacen los *cracks* del fútbol,
así hacen algunos escritores como
Bernhard, como Vivero, que van a lo
suyo, ensimismados en sus párrafos,
en las repeticiones salmódicas, en su
particular estilo literario (sea esto lo
que sea y signifique, que tuve el placer de constatar al leer su *Seducciones*), en hacer un surco que recorren
ellos y algunos lectores —al margen
estos de modas y reclamos publicitarios— sagaces, abismados en el flujo o
chorreo de conciencia del autor, en
una novela como esta que le permite
hablar a Vivero de todo y de nada,
del ser y del no ser, de lo inerte y de
lo vivo, de la maldad, de la inteligencia y la cultura (en tono paródico), de
Heidegger y de Auschwitz; o no tanto hablar sobre ello como enunciarlo,

airearlo, para ir hilvanando frases, párrafos, ante un mar de fondo, testigo de la futilidad humana. También se puede hablar de historia de desamor, nihilista, por cuanto parece dar lo mismo estar que no estar, ser que no ser, nacer que no haber nacido. Leo a Tavares (*Enciclopedia*), que recoge lo que decía Borges: un texto literario se considera terminado y definitivo por dos razones: cansancio o fe religiosa. Me lo planteo a menudo. ¿Cuándo sabe un autor que la novela ha finalizado y debe poner el punto final o cerrar el paréntesis? Me cuesta creer que el final viene dado por el cansancio. ¿Novela peregrina? Sí, pero uno es un peregrino de la belleza, tanto como de las novelas peregrinas pero bellas. Otra cosa: al contrario de lo que se estila que es asediar al lector con datos biográficos (incluso hay blogueros que escriben sus datos biográficos en tercera persona) del escritor, aquí no hay nada de eso, ni foto, ni biografía, ni nada de nada, tan solo un nombre y un apellido, el del autor, el nombre de la editorial y un cuarto de kilo de la literatura que me gusta. En dos palabras: un oasis.

La tranquilidad con la que mato

Ápeiron Ediciones, 2019, 80 pp.
ISBN: 978-84-17898-50-2.

La poesía en particular y la literatura en general ganan enteros en la medida en la que conectan con el lector y cuál sea el efecto que nos depara su lectura. En la poesía ayudan los signos de puntuación. Vivero nos invita al «búscate la vida». No hay comas ni puntos, sí un texto que cae en cascada durante casi ochenta páginas. Texto con palabras en castellano, alemán y griego. Formulo la consulta del texto en alemán en un grupo amigo de WhatsApp de gente que habla alemán: se traduce pero no se entiende. Dicen. Así es el arte. Dicen. Conclusión perfecta. Dicen. Palmas, palmitas. Asusta lo que no se entiende, prosigo, aquello velado que no se descifra, el texto viscoso cuyas palabras son un misterio, digo. Aquello que hace rechinar nuestros cojinetes mentales, que nos da de cabezazos contra un muro de las lamentaciones, que nos hace avanzar por una escalera a oscuras y cuyas paredes están llenas de agujeros negros, afirmo.

Leo las poesías –que es una sola– una vez, dos, tres, cuatro veces. Constato que como una canción me la acabo aprendiendo casi de memoria, recitada como un mantra, lo cual no me sucedía desde *Por cien cañones por banda, viento en popa a toda vela* o *Abenámar, Abenámar, moro de la morería, el día que tú naciste...*

Un texto ajustado a las pausas que yo creo y desconfío. El texto afirma negándose, nace abortándose. Ser y no ser. Imposibilitar lo posible. ¿Dos personas o la misma? ¿El umbral del nacimiento o de la muerte? El principio, el origen, el ápeiron. Un paraíso desbaratado ¿con el nacimiento? El hombre creó/ al perro y se hizo/ la humanidad (p. 30). ¿Una relación amorosa? El sentido como pesadilla. Ángeles ¿destructores? Renacer por partida doble ¿a qué? ¿Nada de todo esto es verdad?

Una reseña aquí imposible, que sigue en proceso, en descomposición, la vida/ es un proceso de oxidación/ sobrevalorado (p. 31), con qué fin, os preguntáis, yo, ¿el de pintar el cuadro abstracto plagado de interrogantes de un laberinto informe? Puede.

sichel/hoz

Ápeiron Ediciones, 2021, 76 pp.
ISBN: 978-84-122908-7-5.

Poema anónimo de 1900. *sichel/ hoz*. Poesía velada. Dédalo. Desafío. Palabras pesadas, sillares para construir versos mínimos, como este:

> túneles del sueño
> ratas
> (p. 56)

La hoz como un círculo en potencia. Todo es potencia y vida, segada y sesgada.

tras la poda
retoños
en las horcas
(p. 46)

¿Quién narra? ¿Desde dónde? No
se nos dan muchas pistas. Eso sí, la
muerte es implacable e inservible, se
lee.

pájaros talados por el viento
abono estéril
(p. 47)

lombrices
en la lluvia
sin ojos la piel
(p. 49)

¿La piel del gusano, de la tierra?
Imágenes muy gráficas:

cielo de hierba
cosecha de destrucción
(p. 50)

La vida no vale nada, una insigni-
ficancia asumida:

> todo nudo del fruto / ovario
> golpe del corazón / latido
> de la nada
> (p. 51)

El *ser (que) será* (p. 65) postrero
como ¿vaticinio, creencia, fe?

No es *hoz* el poema más alegre;
aquí prima la destrucción, la muerte,
la nada, las palabras como el filo de
una hoz bien afilada y presta a lacerar
a quien se arrime a estas hojas a la
mínima. Lo exigible, porque la poesía o rasguña o no es.

Y tras el breve poema viene una corta historia («οὐσία») en donde se explica la génesis del mismo. Y trata de resolver algunos de los enigmas. Uno de los personajes parece ser Mefistófeles.

Fausto

Ápeiron Ediciones, 2022, 80 pp.
ISBN: 978-84-126283-7-1.

¿Otro *Fausto* más, el de Roberto Vivero, a añadir a la ya larga lista de Faustos (el de Goethe, Thomas Mann, Christopher Marlowe, u obras como *sichel/hoz*)? Detalle este que no se obvia, al contrario, porque todos esos libros previos conforman el mapa que ha de recorrer el Forastero que invoca a Fausto para que le ayude en un cometido.

El texto es un diálogo entre ambos reviste el formato socrático, ya que Fausto pregunta y el Forastero responde como puede. «Piensa», le dice Fausto, que no está para darle explicaciones (p. 43). Y es en ese pensar cuando el Forastero irá dando forma a sus pensamientos, a su cometido, incluso a su identidad si es capaz de llevar a cabo la oportuna transformación. Para conocer a Fausto hay que ser Fausto y pensar en él constantemente. «Pensar en él no como un qué, sino en alguien» (p. 21), y hay que «pensarlo todo desde el principio» (p. 28). Y leer también todo lo que sobre el mismo –personaje histórico convertido en mito– se ha escrito.

El Forastero debe crear su propio Fausto a la luz de su tiempo histórico. Y pensar también si Fausto es posible hoy, cuando no cree en Dios, cuando no sufre ninguna escisión interna, ni crisis ni tragedia, cuando el amor ya ha dejado de ser algo «místico». El mapa del que hablamos al comienzo sería, por tanto, el de un lugar que ya no existe. Entonces, ¿contra qué iría Fausto? El ídolo aquí sería la cultura y su secuaz: la educación.

Leo: «eso que se llama cultura es, en buena parte, una transmisión de errores» (p. 32), dice Fausto. «Quieren la obra, no la creación. Y la quieren para parasitar de ella. Lo que hacen es promover el parasitismo. Y, mientras tanto, tienen de qué vivir» (p. 64), afirma el Forastero.

Finalizo con otra sentencia de Fausto que invita a la reflexión: «La cultura se opone con toda su rabia a la creación» (p. 65).

Tirano teatro

Ápeiron Ediciones, 2022, 64 pp.
ISBN: 978-84-126021-1-1.

En *Tirano teatro* hay tres personajes, hombres o mujeres, dos de ellos con collares de perros en el cuello atados por una cadena. Un tercero que solo dirá una palabra en los tres actos de la obra: «Silencio», que bien puede significar el punto final. ¿Son humanos o almas en pena? ¿Están en la tierra o en alguna clase de limbo? ¿Son reales o espíritus?

Al lado de los dos personajes, en el escenario, en el espacio único un bulto bajo una sábana blanca que da pie a toda clase de elucubraciones.

Por ejemplo, que haya un cadáver, y entonces un asesinato, y entonces un motivo a dilucidar.

El desarrollo de la obra me recuerda al estilo beckettiano, para el que el silencio era la única forma de no representar la mentira. Hay afirmaciones que se niegan y personajes que esperan, ¿qué?

Y un tema central embutido en el tiempo y el espacio: la muerte, y el sueño sin sueños que es el purgatorio, el alma que es el órgano de la vida, la distancia a la que nos encontramos de la muerte que es para todos la misma, el eterno retorno de lo mismo en la vida que es la muerte...

Y casi tan malo como la muerte, otro infierno: el aburrimiento. ¿Son las palabras la manera de combatirlo? ¿O lo es la compañía del otro? ¿Y quién es el tirano del título? ¿Lo es la muerte, el tiempo?

Leer es una búsqueda del sentido.

La segunda parte del libro se titula «Pupenéspil va al zoo». Se trata de un retablo con marionetas. El texto es meramente una presentación nominal de los personajes, los mismos que están presentes en el libro *zoo*, uno de los libros más extraños que he leído nunca. Un libro negro tanto en su cubierta como en su contraportada, sin texto ni fotografías en ellas. Las páginas también en negro, las palabras en blanco, como si leyésemos una pesadilla.

«[...] porque la vida es un error he venido a matarte vida mía mi vida», leo en el umbral de *zoo*, que parece devenir poco después en una carnicería… «También aquí habrá lo que solo había antes de todos los cadáveres».

Epílogo de la Editorial

Nos enteramos de que alguien escribía en un blog sobre uno de nuestros autores. Esto nos sorprendió y nos ayudó a zanjar una discusión.

En principio, no hay nada sorprendente en que alguien, en un blog, escriba sobre un escritor. La sorpresa viene cuando la editorial no ha enviado libros de ese autor al responsable del blog y cuando, además, el autor no quiere saber nada de cosas como la difusión y la publicidad. (El ejemplo más radical es el de *zoo*, libro que hemos publicado pero que está fuera del mercado. Tal vez media docena de personas tienen un ejemplar y esas personas pueden, por supuesto, venderlo y, así, el libro estaría en el mercado, pero esa es la única manera, ya que el libro no lo tenemos a la venta ni se puede conseguir a través de ningún canal comercial).

La discusión que manteníamos en la editorial trataba sobre si la obra de Roberto Vivero era solo para unos pocos. Unos afirmaban que su dificultad la convertía en inaccesible para el gran público. Otros decían que esto se debía a su dureza. Y había, los menos, que aseguraban que toda obra auténticamente literaria posee varios niveles de lectura y que la de RV siempre podrá disfrutarse en un nivel 0 de lectura: el del gusto por la literatura (es decir, el del placer ante el lenguaje y lo contado por ese lenguaje), más acá de cualquier lectura analítica en clave crítico-literaria o filosófica.

Los textos de Francisco Hermoso de Mendoza demostraron que los que pensaban esto último tenían razón. Porque los frescos y espontáneos textos de Hermoso de Mendoza son una invitación a la lectura de la obra de RV sin necesidad de leer con las gafas de la erudición, de la hipertrofia cultural, de las ganas de demostrar que se es más listo que el creador. Estas expresiones inmediatas de sus impresiones dicen una y otra vez siempre lo mismo, algo básico, sencillo, primordial y esencial: «He empezado a leer tal libro de RV y no he podido soltarlo hasta terminar de leerlo, y cuando acabé, estaba deseando poder leer un nuevo libro de RV. Y les digo esto para que ustedes también lo lean».

Roberto Vivero divide su creación en la obra en sentido estricto y el resto de su producción. Al mismo tiempo, la creación se divide en *lo que es* literatura (la obra en sentido estricto), lo que *aún no es* literatura (prácticamente el resto de su producción) y lo que *ya no es* literatura (*zoo*). La obra en sentido estricto está acabada, lo que –queremos pensar– no significa que RV nunca más vuelva a escribir. Pero sería como si un ingeniero/

arquitecto dijese «Mi obra será un puente que salve este abismo», y mientras lo materializa, levantase, además, pequeñas construcciones para vivir durante un tiempo, para guardar las herramientas, etc. Esas pequeñas construcciones, cercanas pero ajenas a la obra en sentido estricto (al puente que salva el abismo), serían *Sotierra*, *Cáncer de piel*, *Filosofía en Benidorm*. También sus traducciones y sus ensayos (tres libros dedicados a Hugo Wolf y *Sin embargo, Kafka*), así como los libros escritos en colaboración con Enrique Gallud Jardiel (un conjunto que podríamos ver como un pequeño parque de atracciones construido al borde del abismo), formarían parte de esa producción anexa pero ajena al puente.

La obra en sentido estricto es la siguiente (con los títulos dispuestos en el orden de lectura necesario según el propio RV):

1. *Las fieras*
2. *Crítica del barrio chino*
3. *Literatura hecha pedazos*
4. *Seducciones* [*Violaciones*]
5. *Carnicería / Jaque al heredero*
6. *Grita*
7. *La tranquilidad con la que mato*
8. *sichel/hoz*
9. *Fausto*
10. *Tirano teatro*
11. *zoo*

Una obra breve. Una obra que reunida en solo volumen cabría fácilmente en una mano.

Pero Francisco Hermoso de Mendoza no solo se ha leído estos libros. Nos pusimos en contacto con él para comunicarle la propuesta y aceptó en seguida, así que le enviamos la obra literaria que todavía no había leído, los ensayos y las traducciones. Todos los textos no incluidos aquí pueden leerse en su blog *Devaneos*: www.devaneos.com.

La selección que hemos realizado en este libro obedece al deseo de trasladar de una manera quintaesenciada –breve y sencilla– la invitación a la lectura de la obra de Roberto Vivero. Nada más.

Queremos expresar nuestro agradecimiento a Francisco Hermoso de Mendoza por el tiempo dedicado a este pequeño proyecto.

Este libro se publicó
en el mes de febrero
del año 2024